NOTES

SUR

SOUVAROF ET LECOURBE

CAMPAGNE DE 1799

Par le Capitaine Fl.

PARIS
LIBRAIRIE MILITAIRE DE L. BAUDOIN
IMPRIMEUR-ÉDITEUR
30, Rue et Passage Dauphine, 30

1896

NOTES

SUR

SOUVAROF ET LECOURBE

CAMPAGNE DE 1799

Par le Capitaine Fl.

PARIS
LIBRAIRIE MILITAIRE DE L. BAUDOIN
IMPRIMEUR-ÉDITEUR
30, Rue et Passage Dauphine, 30

1896

NOTES SUR SOUVAROF ET LECOURBE.

CAMPAGNE DE 1799.

La lutte entre le général Lecourbe et le feld-maréchal Souvarof est une des plus curieuses qui se soient jamais vues.

Lecourbe, jeune encore, plein d'ardeur, venait de se signaler dans les combats de Nauders, de Taufers et de Zernetz.

Il était devenu le plus habile des généraux de la République dans la guerre de montagne.

Il allait de nouveau combattre dans des vallées dont il connaissait à fond les positions et les passages, et déployer dans ce genre de lutte, où il excellait, toute sa sagacité et son audace.

Ses troupes, rompues à la guerre de montagne, venaient de supporter avec un courage inouï des fatigues et des privations de toute sorte.

La série des victoires du Grimsel, de l'Oberalp, du Muttenthal, de Brunnen, d'Altorf, d'Attinghausen, de Göschenen, de Schwyz, avaient remplis d'enthousiasme les officiers, les grenadiers et les soldats des 38e, 76e, 84e et 109e demi-brigades.

Souvarof, le vainqueur de Kosludje, de Cassano, de la Trebbia, de Novi, était le général le plus apprécié de Paul Ier, qui l'avait rappelé en lui écrivant : « *Tu n'as pas besoin de lauriers, mais la patrie a besoin de toi* ».

Septuagénaire, mais doué d'une énergie indomptable, il ne doutait pas que ses attaques à la baïonnette, qui lui avaient procuré toutes ses victoires, ne lui ouvriraient encore la route de la Franche-Comté et celle de Paris.

Habitué aux grandes plaines de la Russie et de l'Italie, Souvarof n'avait pas prévu les difficultés auxquelles il allait se heurter

Ses officiers et ses hommes, d'une valeur indiscutable, *n'étaient pas préparés à la guerre de montagne.*

Ils eurent, dès le début des opérations, à lutter contre les éléments, la nature et les privations.

Les soldats russes se montrèrent admirables. La retraite de Souvarof dans le Muttenthal, ses combats désespérés autour de Glaris, les marches et l'intrépidité de Rosemberg, resteront à jamais mémorables.

Nous allons essayer d'esquisser cette campagne, où les soldats français et russes semblaient prendre à tâche de *surpasser l'humanité*[1].

I.

MARCHE DE SOUVAROF DE NOVARE A AIROLO.

Après la bataille de Novi, les cours impériales arrêtèrent le plan de former en Suisse une armée russe sous les ordres du feld-maréchal Souvarof; en Italie, une armée autrichienne, commandée par Kray et Mélas; sur le Rhin, une armée impériale, aux ordres de l'archiduc.

Cette combinaison supprimait les dissentiments qui s'étaient déjà produits au moment du passage de Souvarof à Vienne, entre les Russes et les Autrichiens, et n'avaient fait que s'accentuer en Italie, diminuait le désordre qui existait dans les magasins et les hôpitaux, et permettait aux réserves d'arriver plus rapidement.

Souvarof eut connaissance de ce plan à Asti, à la fin d'août.

L'objectif de Souvarof était Paris. Le plan du Hof-Kriegsrath le rapprochait de son objectif. Souvarof, qui n'avait jamais voulu suivre les instructions de Thugut, le ministre autrichien dirigeant, ne fit cette fois aucune objection et se prépara à les mettre à exécution.

---

1 OUVRAGES A CONSULTER : A. CHARLES, *Campagne de 1799*; MASSÉNA, *Mémoires;* Général MILIOUTINE, *Campagne de 1799*; POLÉVOÏ, *Histoire de Souvarof;* LE MOSCOVITE, *Récits d'un vieux soldat sur Souvarof;* JOMINI, *Histoire des guerres de la Révolution;* Général PHILEBERT, *Le général Lecourbe;* RAMBAUD, *Histoire de Russie;* Capitaine MARMIER, *Front sud des frontières suisses;* Capitaine HARTMANN, *Participation des Russes à la campagne de 1799*, etc.

Il se présentait d'Asti trois directions pour gagner la Suisse : la ligne Bellinzona-Altorf, par le Saint-Gothard ; la ligne Chiavenna-Coire, par le Splugen ; la ligne Aoste-Martigny, par le Grand-Saint-Bernard.

L'état-major autrichien laissé à Souvarof et à la tête duquel était le général Veyrother, détermina le feld-maréchal pour le Saint-Gothard.

Souvarof pouvait prendre Bellinzona comme base d'opérations et attaquer directement l'aile droite de Masséna pour opérer ensuite sa jonction avec Holtze et Korsakof.

Le sentier du Saint-Gothard partait d'Airolo (1179^{m}), franchissait la cime à 2,114 mètres, redescendait dans la vallée de la Reuss à Urseren (1475^{m}) et Hospenthal (1544^{m}), pour gagner le trou d'Uri (1400^{m}).

Ce passage, de 80 pas environ, taillé dans la roche, était à peine praticable pour un mulet chargé.

A 400 pas plus loin, le sentier franchissait le pont du Diable et s'engageait dans la gorge des Shöllenen, d'où il gagnait Göschenen (1103^{m}) et Amstäg (522^{m}).

Cette ligne était de beaucoup la plus courte, mais présentait de réelles difficultés.

Souvarof comptait arriver à Airolo le 17 et attaquer le Saint-Gothard (2,114^{m}) le 19.

Korsakof, en prenant une attitude offensive, devait faciliter son mouvement.

Souvarof organise son corps d'armée en quatre groupes.

L'avant-garde, sous Derfelden, est formée de 8 bataillons et de 4 pièces ; la division Schweikoski, de 8 bataillons et de 6 pièces; la division Forster, de 6 bataillons et de 8 pièces.

Le détachement Rosemberg, chargé du mouvement tournant, est formé de 10 bataillons et de 10 pièces.

50 cosaques à cheval et 20 pionniers sont attachés à chaque division.

Les hommes portent trois jours de vivres.

Souvarof n'ayant pas reçu les mulets qu'il avait demandés, démonte 1500 cosaques pour le transport de ses vivres (4 jours par cheval) et de ses munitions.

650 mulets transportent de l'avoine. L'effectif des quatre corps d'armée est d'environ 16,000 hommes. Souvarof dirige son convoi

sur le lac de Constance, par le Tyrol et le Vorarlberg, et son artillerie sur Feldkiren, par Côme, Chiavenna, l'Engadine, Landeck et Bludenz.

Il fait distribuer à ses officiers une *Instruction sur la manière de combattre en montagne* et ordonne que dans chaque division l'ordre de marche sera le suivant :

En tête : 25 cosaques et les pionniers, un bataillon avec une pièce d'artillerie, les régiments avec chacun une pièce ; en queue : les pièces de réserve et les mulets chargés de cartouches, le convoi en arrière du corps d'armée, sous la protection des cosaques et d'un bataillon.

Toutes ces dispositions sont prises à Taverne (344^{m}), au pied du mont Cenere, où Souvarof avait prescrit de réunir les mulets nécessaires au transport des vivres et des munitions.

Souvarof charge Strauch et Derfelden de l'attaque de front du Saint-Gothard ; Rosemberg, de tourner la position par Dissentis et l'Oberalp. Une fois le Saint-Gothard enlevé, Auffenrberg devait envoyer de Dissentis un détachement qui tomberait sur Amstäg, par le Kreuzli-Pass (2,350^{m}), tandis que Strauch restant au Saint-Gothard, protégerait les colonnes russes engagées dans la vallée de la Reuss contre une attaque venant du Valais.

Les marches de Novare à Taverne s'étaient bien exécutées.

Mais, à partir de Taverne (344^{m}), des pluies torrentielles rendent le terrain très glissant et la marche excessivement pénible.

Le 21, Strauch prend position à Biasca (399^{m}) ; Derfelden franchit le mont Cenere et pousse jusqu'à Bellinzona (232^{m}).

Le général Rosemberg, détaché à Bellinzona, remonte jusqu'à Biasca.

Le 22, les troupes russes s'avancent jusqu'à Giornico (451^{m}) ; Strauch atteint Faido (721^{m}).

Le 23, Derfelden et Strauch prennent position à Dazio, à 11 kilomètres d'Airolo (1179^{m}).

Rosemberg avait gagné, le 21, Dangio à 26 kilomètres de Bellinzona ; le 22, Casassia près du col de Luckmanier, à 1800 mètres d'altitude. Le 23, partie dès l'aurore, sa colonne passa le Luckmanier (1917^{m}), gagna Dissentis (1159^{m}) et arriva à Tavetch (1397^{m}) vers minuit.

En trois jours, malgré la pluie, Rosemberg avait parcouru,

avec *des troupes non exercées à la marche en pays de montagnes* [1], près de 90 kilomètres par des chemins épouvantables, sans laisser de traînards.

II.

OCCUPATION DU SAINT-GOTHARD PAR LECOURBE.

Masséna, pour se conformer au plan du Directoire, avait donné l'ordre à Lecourbe d'occuper le Saint-Gothard pour empêcher la jonction de Souvarof et de Korchakof.

Lecourbe choisit le lac des Quatre-Cantons comme le centre de ses opérations et y rassemble une flottille.

Il enlève successivement Mutten, Altorf, Fluelen, et force Simpschen de se retirer dans le Schächenthal.

Il prend les dispositions suivantes :

Gudin doit franchir le Grimsel (2204^{m}) et la Furca (2436^{m}), descendre dans la vallée d'Urseren et s'organiser en avant des défilés du trou d'Uri et du pont du Diable.

Loison doit se diriger par le Gadmenthal et le Mayenthal et occuper Wasen.

Daumas doit franchir le col de Surenen (2305^{m}) et occuper Attinghausen. Poirson doit se porter dans la vallée d'Altorf.

Boivin doit marcher sur Schwyz, par Steinen et Seeven et occuper le Muttenthal.

Tous ces mouvements s'exécutent malgré les neiges qui encombrent tous les passages.

Gudin, avec la 67e et 2 bataillons du Léman, enlève, le 27, le camp de Geschenen; marche le 28 par la Furca (2436^{m}) sur Urseren (1475^{m}), d'où l'ennemi s'est retiré dans la nuit du 28 au 29.

Loison, avec la 109e et 4 compagnies des 38e et 76e, s'empare, le 28, de la redoute de Mayenthal et opère sa jonction avec la 38e de la brigade Gudin.

Poirson, avec un bataillon de la 38e et un de la 76e, suit les directions Bauen, Isenthal, Seedorf, Engelberg, col de Surenen, Attinghausen.

---

[1] Voir dans le remarquable ouvrage de M. Rambaud, *Histoire de la Russie depuis les origines jusqu'à l'année* 1884, le rapport de Souvarof à l'empereur Paul et la campagne d'Helvétie, p. 515 à 521.

Ces deux colonnes culbutent l'ennemi qui coupe les ponts de Seedorf et d'Attinghausen, et grâce à l'appui de la flottille qui permet de débarquer des troupes à Fluelen, le poursuivent jusqu'à Burglen et Erstfeld et le forcent à se retirer dans le Schächenthal.

Boivin, aidé par les grenadiers de la 84e et de la 109e, que Lecourbe fait débarquer, emporte le pont de la Mutten.

Ces succès permettent à Lecourbe de remonter, le 28, la vallée de la Reuss, d'emporter Stäg, Göschenen, et d'opérer sa jonction avec Loison. Le rétablissement du pont du Diable, pendant la nuit du 28 au 29, lui permet de se rallier, le 29, à Urseren, aux troupes de Gudin.

Les Autrichiens s'étaient ralliés sur le Crispalt, d'où ils pouvaient prendre l'offensive dans la vallée d'Urseren.

Lecourbe fit attaquer Airolo par un bataillon, et tourner par ses grenadiers les Autrichiéns qui reculèrent jusqu'à Tavetsch.

Au moment où l'attaque de Souvarof va se produire, Lecourbe occupait, avec la 38e, Sainte-Anne et Amstäg; avec la 67e, Hospenthal et Urseren; avec la 109e, Oberalp et Göschenen; avec la 76e, Kluss, le Schächenthal, Altorf; avec la 84e Nettstal, Enneda, Mitlödi; avec ses dragons et ses guides, Altorf et Schwyz.

Lecourbe avait depuis peu sous ses ordres Molitor que Masséna avait détaché pour occuper la vallée de Glaris, et assurer son passage de la Limath.

Molitor n'arriva à Glaris (454m) qu'après trois jours de combats livrés au Pragel (1543m), au Klönthal (828m) à Nesthal et à Glaris (454m), par le 1er bataillon de la 84e et quelques compagnies du 2e bataillon, contre des forces supérieures. Les forces totales de Lecourbe s'élevaient à environ 15,000 hommes.

Thureau gardait sa droite dans le haut Valais avec 9,000 hommes. Un de ses postes occupait Bedretto.

La position du Saint-Gothard, occupée par Gudin, était défendue par 2 bataillons de la 67e demi-brigade.

Les avant-postes avaient été poussés jusqu'à Airolo, le reste des troupes était un peu en avant de l'hospice du Saint-Gothard (2093m) [1].

Au moment où l'attaque de Souvarof va s'exécuter, Lecourbe

---

[1] Les cotes 1536 au-dessus d'Airolo, 1841 au-dessus d'Andermatt sont aujourd'hui solidement occupées.

se disposait à attaquer les troupes autrichiennes de Dissentis et à marcher sur Reichenau pour menacer Coire.

Son mouvement devait s'exécuter le 25 septembre. Un bataillon et demi de la 76e, détaché par Molitor, avait reçu l'ordre de rejoindre Lecourbe à Ilanz par le Flimser-Pass.

Lecourbe aurait donc pu, si le mouvement des Russes sur le Saint-Gothard avait été retardé d'un jour, battre successivement Rosemberg et Souvarof.

III.

ATTAQUE DU SAINT-GOTHARD PAR SOUVAROF.

Souvarof arrêta à Faido (721m) son plan d'attaque pour le 24 septembre.

La colonne de droite, fournie par l'avant-garde Bagration, et la division Schweikoski, devait s'avancer jusqu'à Madrano, Valle, et tourner, par le val Canaria, la gauche ennemie.

La deuxième colonne devait, de Piotta, longer la haute vallée du Tessin et faire face à une contre-attaque possible par le col de Novène (Nufenen-Pass, 244m).

La troisième colonne devait attaquer directement par Airolo.

Le 25 septembre les colonnes flanquantes rompent par la pluie à 3 heures du matin.

Dès que leurs mouvements sont dessinés, la troisième colonne se met en marche et se heurte, à 2 heures du soir, aux avant-postes français, à Airolo (1179m).

Les avant-postes du 1er bataillon de la 67e reculent jusqu'à Bosco, sur la réserve, qui se défend avec acharnement et oblige Souvarof à déployer toute la division Schweikoski (6 bataillons).

Souvarof ne pouvant forcer cette position, la fait tourner à gauche par Bagration, à droite par le général Baranovski (4 bataillons).

La colonne de gauche ne continue pas son mouvement et vient prendre part à l'action.

Le 1er bataillon de la 67e résiste avec vigueur au confluent de la Tremole et la Sorescia, et se retire pas à pas en faisant subir des pertes sérieuses à l'ennemi.

Le 1er bataillon se replie à la crête du Saint-Gothard sur le

2e bataillon de la 67e, qui s'y était fortement retranché. Ces deux bataillons, renforcés par un bataillon de grenadiers, repoussent deux assauts des troupes de Forster et de Schweikoski.

Souvarof donne alors l'ordre de déloger à tout prix les Français. Au moment de cette troisième attaque, Bagration apparaît sur le flanc gauche de Gudin. La 67e se retire sur Hospenthal (1544m), où elle est renforcée par un bataillon de la 109e.

Gudin veut continuer la lutte quand il apprend que sa ligne de retraite est coupée par les Russes venant de l'Oberalp (4 heures du soir).

Rosemberg, parti au point du jour de Tavesch, avait fait attaquer le Crispalt de front par Rehbinder, avec 2 régiments ; à gauche, par Miloradovitch et les cosaques ; à droite, par le régiment Mansourof.

Un régiment avait été gardé en réserve avec le convoi.

Fusillé sur ses flancs, délogé par une charge furieuse à la baïonnette, le 1er bataillon de la 109e fut obligé de battre en retraite sur Urseren, où il rencontra un bataillon de la 38e envoyé par Loison. A la fin de la journée ces troupes prennent position en avant d'Urseren ; mais vivement refoulées par Rosemberg, elles sont forcées d'abandonner 3 pièces, des cartouches, un jour de vivres.

A ce moment, Gudin arrivait à Hospenthal (1544m) (7 heures).

Ne pouvant battre en retraite par le pont du Diable, Gudin se retira en bon ordre et atteignit Realp (1542m), où il arriva à 2 heures du matin avec la 67e, un bataillon de grenadiers, la 109e, un bataillon de la 38e et son artillerie. Il fit immédiatement occuper la Furca (2436m) et le Grimsel (2204m), gardant ainsi la tête des vallées de l'Aar et du Rhône, prêt à reprendre l'offensive contre le Saint-Gothard.

Souvarof *envoie sur Realp trois bataillons commandés par Strauch, pour interdire à Gudin tout retour offensif*, et cantonne à Hospenthal (1544m).

IV.

MARCHE DE SOUVAROF D'URSEREN A ALTORF.

Loison était arrivé pendant la nuit du 24 au 25 au pont du Diable (1400m), mais il *avait négligé de détruire le pont*. Une faible avant-garde est chargée de la défense du trou d'Uri ; le reste des troupes s'établit en arrière du pont.

Le 25, les Russes attaquent la galerie avec un bataillon.

Souvarof voyant ce bataillon refoulé après plusieurs attaques, fait tourner les défenseurs du tunnel, à droite par les hauteurs, à gauche, en faisant franchir la Reuss par 200 chasseurs, un bataillon de Rosemberg et un régiment de Derfelden.

Loison voyant sa retraite compromise, fait sauter une arche du pont du Diable, *coupant ainsi la ligne de retraite de son avant-garde, qui jette dans la Reuss sa pièce d'artillerie* et cherche à franchir la Reuss.

Cette avant-garde est entièrement détruite. Loison est forcé d'abandonner le pont du Diable.

La colonne de gauche, qui s'était élevée sur les pentes du Bätzberg, est inutilement chargée par les trois bataillons de Loison, dirigés par Lecourbe.

A ce moment, Lecourbe apprend qu'Auffemberg débouche du Maderaner-Thal avec 4 bataillons. Il laisse Loison protéger la retraite et part avec un bataillon de la 76e et ses grenadiers à la rencontre d'Auffemberg.

Il arrive assez à temps pour empêcher la rupture du pont d'Amstäg. La 76e lutte toute la nuit et repousse l'ennemi dans le Maderaner-Thal.

Loison tient tête à Wasen aux troupes de Souvarof et rétrograde pas à pas en faisant sauter tous les ponts jusqu'à Amstäg.

Souvarof, après avoir fait rétablir le pont du Diable, se remet en marche le 24, à 5 heures du soir, et arrive à Wasen dans la nuit.

Le 25, il arrive à 9 heures du matin à Stäg, où il se réunit au corps d'Auffemberg, qui s'était maintenu dans ses positions à l'entrée du Maderaner-Thal, après avoir reçu un renfort de 2,000 hommes par le Kreuzli-Pass.

Souvarof continue sa marche, refoule au pont de Reuss deux compagnies de la 38e et arrive à Altorf (468m) à midi. Il force Lecourbe d'évacuer Altorf, mais reste toute la journée *sans opérer de reconnaissance.*

Lecourbe, *avec huit cents hommes*, va se poster sur la rive gauche de la Reuss, se plaçant ainsi sur le flanc de son adversaire et l'empêchant de tourner le flanc droit de Masséna.

Il laisse intact le pont de Seedorf pour pouvoir passer à l'offensive, charge Loison d'occuper Engelberg pour couvrir le col de Surenen (2305m), envoie des compagnies de grenadiers garder le col de Brünig (1035m) et Schwyz (514m), charge Gudin de prendre position avec la 109e à Meiringen et à Gadmen pour protéger la route de Susten.

Souvarof laisse 2 bataillons à Wasen et place 5 bataillons à l'entrée du Schächenthal.

Le 27, il essaie de tourner par Ertsfeld, avec son artillerie et trois bataillons, les hauteurs de Surenen.

Lecourbe passe rapidement à l'offensive et, grâce au pont de Seedorf, qu'il avait conservé, arrive à Altorf, culbute les Russes dans leur cantonnement et empêche Souvarof de continuer son attaque. Souvarof revient sur Altorf, où les grenadiers de Lecourbe luttent jusqu'à la nuit.

V.

COMBATS LIVRÉS PAR MOLITOR AUX TROUPES AUTRICHIENNES.

Pendant ces opérations de Lecourbe et de Souvarof, Molitor *montrait, dans la vallée de Glaris, tout le parti que l'on peut tirer de la connaissance de la montagne avec des troupes entreprenantes.*

Le 26 septembre, Jellachich était descendu sur la rive droite de la Linth avec trois régiments, et commença vivement l'attaque des ponts de Glaris, de Nesthal et de Mollis.

Molitor n'avait sous ses ordres que trois bataillons du 84e. Ses troupes repoussent les attaques de Jellachich, qui est refoulé du Kerenzenberg.

Molitor *laisse un bataillon à la poursuite de Jellachich et accourt, avec un bataillon, soutenir celui qu'il avait placé à Mitlödi* et qui était vivement attaqué par le corps de Lincken.

Lincken avait débouché en deux colonnes fortes d'environ 8,000 hommes; l'une de ses colonnes avait suivi le Paniser-Pass (2410m), l'autre avait suivi le Kisten-Pass (2590m), Pantenbrücke et Linthal.

Sa colonne de droite rencontra, à Elm, les 12 compagnies de la 76e, qui devaient rejoindre Lecourbe à Ilantz.

La 76e attaqua vivement la colonne de Lincken, mais, forcée

de céder au nombre, elle se retira en combattant sur Schwanden où elle se trouva coupée par la colonne qui descendait de Linthal. Entourées par des forces supérieures, les douze compagnies de la 76e furent obligées de se rendre après s'être vaillamment défendues.

Molitor, avec deux bataillons, empêche, après une opiniâtre résistance, Lincken de dépasser Glaris.

Dans la nuit du 28 au 29, Molitor, averti par Lecourbe de la marche de Souvarof par le Klönthal, laisse le 2e bataillon de la 84e à l'entrée de cette vallée et, comprenant l'importance de ses efforts, fait *déborder pendant la nuit les ailes de Lincken,* l'attaque à la pointe du jour, le culbute jusque dans la vallée d'Engi et le poursuit jusqu'à Panix (2,410m).

La retraite de Lincken permettait, si Molitor avait reçu des renforts à temps, d'enfermer toute l'armée de Souvarof dans le Klönthal.

« *Si nous agissons de concert, Soult, du côté de Glaris ; Mortier, sur le Muttenthal, et moi sur le Schächenthal*, écrivait Lecourbe à Masséna, *nous ferons crever Souvarof dans les montagnes.* »

VI.

RETRAITE DE SOUVAROF PAR LE KLÖNTHAL ET L'ENGI-THAL.

Souvarof poursuivant son plan de faire attaquer la ligne de la Limmat tandis que lui-même arriverait à Schwyz ou Einsielden, avait porté Rosemberg sur Brunnen.

Il comptait être renforcé par Lincken qui devait le rejoindre par Glaris, le Klönthal et le Pragel (1543m) à Mutten.

Il apprit, le 28, les succès de Masséna à Zurich, et ceux de Soult sur la Linth.

Le corps de Korsakof avait reculé jusqu'à Constance, celui de Holtze jusqu'à Saint-Gall. Souvarof ne pouvant se porter sur Schwyz ayant en tête une armée victorieuse qui allait détacher Mortier contre son avant-garde, en queue des troupes entreprenantes qui essayaient déjà de pénétrer dans le Schächenthal, se décida au seul parti qui lui restait : aller à Glaris rejoindre Lincken et marcher sur Wallenstadt pour recueillir les débris du corps d'armée de Holtze. Il écrit aux généraux Holtze et Korsakof : « *Vous me répondez sur votre tête d'un pas de plus que vous feriez en arrière. Je viens pour réparer vos fautes.* »

La marche d'Altorf à Mutten, par le Kinzig-Pass, fut excessivement pénible. Tous les cols étaient déjà couverts de neige.

Le 28 au matin, Souvarof détacha 300 cosaques qui passèrent le Pragel, mais furent repoussés au Klönthal par le 2e bataillon de la 84e demi-brigade.

Le 28 au soir, Souvarof, qui croyait le bataillon de la 84e entouré par ses troupes et celles de Jellachich et de Lincken, fit avancer la brigade Derfelden réduite à 1700 hommes.

Le 2e bataillon du 84e tint toute la nuit au Pragel, mais fut repoussé le lendemain sur le Klönthal.

Le 29, Molitor accourt avec un bataillon, et résiste toute la journée au défilé du Klönthal.

Le 30, l'avant-garde russe, forte de 2,000 hommes environ, le force à reculer jusqu'à l'extrémité du lac de Klönthal, sur une hauteur qui constituait une excellente position (1060m).

Le 1er octobre, il lutte contre près de 10,000 hommes, se maintient jusqu'au soir, mais, désespérant de voir arriver des renforts, tourné sur sa droite par deux bataillons que Souvarof avait jetés sur les hauteurs, il se retire par la Linth pour couvrir les ponts de Noeffels et de Mollis.

Molitor fait brûler le pont de Nesthal et *s'établit en bataille par échelons sur la rive gauche, derrière le village de Nesthal.*

Souvarof fait attaquer avec fureur les troupes de Molitor.

Les attaques des Russes se succèdent avec une rapidité étonnante. Molitor *ne céda qu'à la huitième attaque* et se retira dans la soirée en avant de Noeffels.

Gazan arriva avec un régiment de grenadiers. A 9 heures du soir, Molitor se décida à faire une attaque à la baïonnette pour repousser les Russes jusqu'à Nesthal. Il laissa en réserve ses grenadiers en arrière du pont de Noeffels. Son attaque, soutenue par un renfort de la 94e demi-brigade, réussit. Molitor maintint sa droite en avant de Noeffels, sa gauche en avant de Mollis.

La 84e demi-brigade, une partie de la 94e, la 3e demi-brigade helvétique se couvrirent de gloire dans ce combat où elles eurent à résister aux attaques multipliées des Russes dont les pertes s'élevèrent à 2,000 hommes.

La 84e avait tenu les 25 et 26 contre Jellachich, les 28 et 29 contre Lincken, le 30 contre Auffemberg, le 1er octobre contre Bagration, qui conduisit les attaques contre Noeffels.

Rosemberg, attaqué par Masséna avec trop de précipitation,

CROQUIS pour l'intelligence des Opérations des armées de LECOURBE et de SOUVAROF

(Campagne de 1799)

le repoussa jusqu'à Schwyz où la 67e arrêta la poursuite et protégea la retraite. Masséna laissa six bataillons en observation devant Brunnen et gagna, par Einsiedlen, la vallée de la Linth.

Souvarof, désespérant d'enlever le pont de Noeffels, n'ayant aucun renseignement sur les positions occupées par le corps d'armée de Holtze, abandonna son projet de marcher sur Wallenstadt, par Wesen ou par Kerensen et se décida à se retirer par Schwanden, Panix, Ilantz et Coire.

Auffemberg ouvrit la route de la vallée d'Engi le 2 octobre. La neige rendit cette marche excessivement pénible. Il passa le Panizer-Pass (2,410^{m}) le 3 et arriva à Coire le 5.

Le maréchal Souvarof attendit à Glaris la division de Rosemberg, qui avait abandonné Mutten et traversé le Klönthal dans l'ordre le plus parfait.

Molitor attaqua le 4, avec trois bataillons, l'arrière-garde russe à Schwanden. Un bataillon, que Loison avait envoyé par le Klausen-Pass (1962^{m}) sur Linthal, prit part à cette affaire.

Molitor poursuivit les Russes jusqu'à Elm, leur prenant 1200 prisonniers, 3 pièces, 200 chevaux. Dans la nuit du 4 au 5, l'arrière-garde passa le Panizer-Pass, poursuivie par un bataillon qui fit 200 prisonniers et prit une pièce.

Souvarof n'arriva à Coire que le 7. Son armée était dans le plus cruel état de fatigue, de dénuement et d'épuisement. Souvarof descendit ensuite à Feldkirch où la réunion de son corps d'armée à ceux de Lincken, d'Auffemberg, de Jellachich et de Petrasch composait une masse de près de quarante mille hommes.

Souvarof était décidé à rentrer en Suisse et à attaquer Masséna qui n'avait qu'une vingtaine de mille hommes; mais comme il attribuait ses revers à l'état-major que l'Autriche lui avait imposé, il refusa obstinément à l'archiduc de se conformer à ses plans, et lui déclara que ses troupes, *d'ailleurs peu propres à la guerre de montagne*, avaient besoin de repos.

Souvarof consentit, après bien des difficultés, à laisser Rosemberg à Bregenz jusqu'au 4 novembre, et alla cantonner en Bavière.

Tandis que Lecourbe, victorieux encore à Fuessen, à Feldkirch, allait jouir du fruit de ses glorieuses campagnes, le vainqueur de Novi reprenait tristement le chemin de l'exil, et mourait peu après du chagrin que lui causa sa défaite.

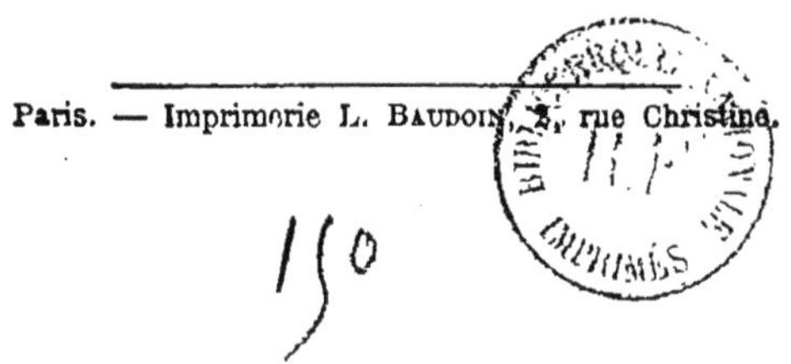

Paris. — Imprimerie L. Baudoin, 2, rue Christine.

Paris. — Imprimerie L. BAUDOIN, 2, rue Christine.

www.ingramcontent.com/pod-product-compliance
Ingram Content Group UK Ltd.
Pitfield, Milton Keynes, MK11 3LW, UK
UKHW022157260726
13993UKWH00005B/2419

9 782019 923013